Raub im Kölner Karneval

 Alles Digitale zu diesem Buch kann auf der Lernplattform
allango von Ernst Klett Sprachen abgerufen werden. So geht's:

 QR-Code scannen | Buchtitel oder ISBN in | Zum Inhalt navigieren,
oder **www.allango.net** | der Suche eingeben und | direkt abrufen
aufrufen | auf das Buchcover klicken | oder speichern

 Dieses Symbol bedeutet, dass zu einem Buch-Abschnitt
ein digitaler Inhalt verfügbar ist: **Audios und zusätzliche Arbeitsblätter.**

Detektiv Müller
Raub im Kölner Karneval

Felix & Theo

Ernst Klett Sprachen
Stuttgart

Leichte Lektüren
Deutsch als Fremdsprache
Raub im Kölner Karneval *Stufe leicht*

1. Auflage   1 ⁹ ⁸ ⁷ ⁶ ⁵ | 2028 27 26 25 24

Nachfolger von 978-3-12-606473-6 (Elvis in Köln)

Alle Drucke dieser Auflage sind unverändert und können im Unterricht nebeneinander verwendet werden.
Die letzte Zahl bezeichnet das Jahr des Druckes. Das Werk und seine Teile sind urheberrechtlich geschützt. Jede Nutzung in anderen als den gesetzlich zugelassenen Fällen bedarf der vorherigen schriftlichen Einwilligung des Verlags.

Autor und Illustrator: Felix und Theo
Redaktion und Annotationen: Katrin Wilhelm
Unter Mitarbeit von Hannah Blumöhr

Gekürzte Hörfassung gesprochen von Detlev Kügow

Layoutkonzeption: Andreas Drabarek
Gestaltung und Satz: Datagroup Int. SRL, Timisoara, Rumänien
Umschlaggestaltung: Andreas Drabarek
Druck und Bindung: Salzland Druck, Staßfurt

Printed in Germany
ISBN 978-3-12-675111-7

Inhaltsverzeichnis

Vorstellung der Hauptpersonen

Helmut Müller ist Privatdetektiv und lebt in Berlin. Er wird zu einem Kostümfest in Köln eingeladen. Er weiß nicht, was er anziehen soll.

Bea Braun arbeitet mit Helmut Müller zusammen. Sie ist seine Sekretärin. Sie ist auch zu einem Kostümfest in Köln eingeladen.

Karneval in Köln
Ein Volksfest im Rheinland, das hauptsächlich im Februar gefeiert wird. Es beginnt am Donnerstag mit „Weiberfastnacht" und dauert bis Dienstagabend, „Kehraus". Die Leute feiern auf der Straße und verkleiden sich.

---

7 **Privatdetektiv** Beruf; Person, die ohne die Polizei Ermittlungen macht | 15 **Sekretärin** Beruf; organisiert zum Beispiel die Termine für den Chef

Weitere Personen in der Geschichte

Alfred Hübner ist ein Freund von Helmut Müller. Er hat Geburtstag und feiert im Kölner Karneval.

Peet, ein Musiker aus Berlin, ist DJ.

Karl will nur Zigaretten holen und vermisst seine Brieftasche.

Ilse ist verkleidet als Marilyn Monroe und wird auch bestohlen.

Zorro flirtet mit Bea Braun und schaut dauernd auf die Uhr.

8 **Brieftasche** kleine Tasche für Ausweise und Geld

Kapitel 1

„Alaaf!"

„Wie bitte?" Privatdetektiv Helmut Müller schaut zu seiner Sekretärin.

„Alaaf, sagte ich!"

„Ist das Niederländisch oder Isländisch, oder Chinesisch? Ich verstehe nicht …".

„Mensch, Chef, warum denn so ernst? ‚Alaaf' ist der Karnevalsgruß in Köln!"

Bea Braun kommt fröhlich ins Büro. Sie hat einen Brief in der Hand.

„Sehen Sie mal! Wir haben eine Einladung bekommen:"

Helmut Müller liest die Einladung.

„Ach, Alfred, unser alter Freund, wird fünfzig! Das ist aber eine komische Idee, ein Maskenball."

16 **Maskenball** ein Kostümball: Eine Feier, bei der man nicht seine normale Kleidung trägt

„Das ist doch toll! Karneval in Köln! Da wollte ich schon immer mal hin, das ist die Gelegenheit!"

Müller hält die Karte in der Hand und ist nicht begeistert.

„Sie können ja gerne fahren, aber ohne mich …"

5 „Mensch, Chef! Das wird bestimmt lustig, eine Geburtstags-party als Maskenball. Und wir haben Alfred schon so lange nicht mehr gesehen. Wissen Sie noch, damals in München, die Geschichte auf dem Oktoberfest. Ohne Alfred hätten wir den Fall nicht gelöst."

10

Müller betrachtet seine Sekretärin und erinnert sich natürlich an die beiden Fälle. Alfred Hübner, Pressefotograf und Charmeur. Klar, dass Bea Braun ihn gerne wiedersehen möchte.

Helmut Müller: „Ich weiß, ich weiß. Aber wenn Sie Alfred 15 gerne wiedersehen möchten, muss ich doch nicht dabei sein."

Bea Braun: „Ich sagte: Wir! Schließlich sind wir beide eingeladen. Seit Alfred beim Kölner Express als Reporter arbeitet, haben wir keinen Kontakt mehr. Und das ist doch schade, oder? Los, Chef!"

20 Helmut Müller: „Ich weiß nicht … und noch dazu ein Maskenball. Ich habe ja nicht mal ein Kostüm …"

Bea Braun: „Da finden wir schon was!"

Bea Braun setzt sich an ihren Schreibtisch, holt ein Blatt Papier und schreibt:

25 „Wie wäre es mit ‚Obelix'?"

Helmut Müller: „So ein Quatsch! Und Sie sind dann ‚Asterix'? Nein, nein, nein!"

„Sie sind doch als Kind bestimmt zu Maskenbällen gegan-gen. Wie waren Sie denn da verkleidet?"

8 **Oktoberfest** Volksfest in München | 17 **Kölner Express** Kölner Zeitung | 17 **Reporter** Beruf; Journalist, der für eine Zeitung Artikel schreibt | 21 **Kostüm** eine Verkleidung, kein normales Kleidungsstück, ein Kostüm trägt man nicht im Alltag, sondern zum Beispiel im Theater oder auf der Bühne | 25-26 **Asterix und Obelix** Asterix und Obelix sind die Helden einer französischen Comic-Strip-Serie. | 29 **verkleiden** Verb zu Verkleidung

Müller lächelt und denkt an die Zeit, als er sich als Kind auf die Karnevalszeit gefreut hat. Alle Jungen wollten Cowboys sein. Aber er, Helmut Müller, war ein Indianer.

„Indianer! Ich war immer ein Indianer."

„Das geht ja nun leider nicht mehr. So dicke Indianer gibt es nicht …"

„Bea! Noch so eine Bemerkung und ich fahre nicht mit!"

Helmut Müller lächelt. Natürlich ist er zu dick. Ein dicker Indianer, das geht wirklich nicht.

„Entschuldigung, Chef! Hab ja nur gemeint … . Aber wie wäre es mit James Bond?"

„Unsinn!"

„Oder Sie gehen als Monster?"

„Blödsinn!"

„Popstar?"

„Kennen Sie einen Popstar mit meiner Figur?"

Bea legt den Zeigefinger an die Stirn und ruft begeistert:

„Elvis! Genau! Sie kommen als Elvis!"

---

19 **Bemerkung** eine Aussage/ein Spruch | 30 **Elvis** Elvis Presley (1935-1977); weltberühmter Musiker des Rock'n'Roll und Gitarrist

Kapitel 2

Privatdetektiv Helmut Müller und seine Sekretärin Bea Braun stehen vor einem Geschäft in Kreuzberg.

‚Kostümverleih' steht in großen goldenen Buchstaben auf dem Schaufenster.

„Also ich weiß nicht …"

„Nichts da! Nur Mut!"

Bea Braun zieht Müller am Ärmel und sie gehen in das Geschäft.

Ein junger Mann mit blond gefärbten kurzen Haaren kommt auf sie zu.

„Hey! Na ihr beiden, was darf's denn sein?"

„Also mein Chef, äh, ich meine, der Herr hier möchte gerne ein ‚Elvis-Kostüm'!"

Kritisch blickt der junge Mann auf Müller.

„Elvis? Sie meinen Elvis Presley? Na ja, da gibt es eigentlich kein Kostüm …"

„Hab ich doch gleich gesagt! Elvis hatte nie ein Kostüm! Einfach Jeans und ein Hemd und eine Gitarre, das war Elvis! ‚The King' brauchte kein Kostüm, er war auch so der Größte …"

Müller lächelt und wendet sich zum Ausgang.

„Na ja, der späte Elvis brauchte dann schon ein Kostüm, oder besser gesagt, ein Korsett!"

Der junge Verkäufer und Bea kichern.

„So ein Quatsch! Ihr wart damals doch noch viel zu jung! Ihr wisst doch gar nichts!

Ich gehe als junger Elvis, in Jeans und Hemd, und basta!"

„Mensch, Chef, seien Sie doch nicht beleidigt! Jeans und Hemd, das ist doch kein Kostüm!"

---

5 **Kostümverleih** ein Laden, der für Geld ein Kostüm für kurze Zeit gibt | 24 **Korsett** ein Kleidungsstück, das den Oberkörper stützt/festmacht

„Also, Herrschaften, ich glaube, ich habe da etwas für Sie …"
Der Verkäufer geht in den Nebenraum und kommt nach ein
paar Minuten mit einer großen Plastiktüte zurück.

Vorsichtig macht er die Verpackung auf und präsentiert den
beiden einen weißen Anzug mit Pailletten.

„Um Gottes willen! Niemals! Das ziehe ich nicht an! Damit
sehe ich ja aus wie, äh, wie …?"
„Elvis!"
Bea Braun nimmt den Anzug, hält ihn Müller vor und ist
begeistert.
„Perfekt! Absolut perfekt! Damit sehen Sie super aus, Chef!"
Der junge Verkäufer legt noch eine kleine Plastiktüte auf den
Tisch.
„Und was ist das?" Helmut Müller nimmt die Tüte in die
Hand.
„Koteletten!"
„Was?"
„Koteletten! Backenbart! Der späte Elvis hatte ziemlich große
Koteletten. Damit sehen Sie wirklich echt aus!"

---

14 **Pailette** kleines, glänzendes Plättchen. Das Kleid glitzert. | 20 **begeistert sein** sich
freuen, etwas gut finden

Müller füllt einen Schein aus. Bezahlen muss er erst, wenn er das Kostüm zurückbringt.

„Passt bestimmt nicht! Ist sicher viel zu groß …"

„Dann kann ich es enger machen, Chef. Jetzt fahren Sie erst mal nach Hause und probieren den Anzug."

Helmut Müller steht vor dem Spiegel in seinem Schlafzimmer.

Der Anzug ist nicht zu groß. Eigentlich ist er zu klein. Müller muss den Bauch einziehen, damit die Hose passt.

Aber das Kostüm gefällt ihm.

Er dreht sich vor dem Spiegel und je länger er sich betrachtet, desto besser gefällt er sich als Elvis.

Im Schrank findet er noch alte schwarze Stiefel, dann klebt er sich die Koteletten an die Backen und holt vom Schrank einen großen Karton.

„Irgendwo hier müssen sie doch sein …?"

Müller sucht seine alten Elvis-Platten.

„Ha! Ich hab's gewusst! Hier sind sie!"

Mit den Platten geht er ins Wohnzimmer.

„Genau, diese Platte zuerst. Und dann … ja, ‚Heartbreak Hotel' und ‚Teddy Bear', alles Klassiker des Rock'n'Roll!"

---

12 **etwas betrachten** etwas ansehen | 16 **Karton** eine Kiste | 18 **Platte** alte Form der CD | 21-22 **Heartbreak Hotel + Teddy Bear** Lieder von Elvis Presley

Müller legt die Platte auf und mit schwingenden Hüften geht er ins Badezimmer. Mit Haarbürste und Spray verändert er seine Frisur.

„Hallo, Elvis!"

Zufrieden lächelt Müller in den Spiegel.

---

1 **mit schwingenden Hüften** Helmut Müller tanzt, ist in Bewegung.

Kapitel 3

„Guten Morgen, Chef!"

„Guten Morgen, Bea!"

Müde betritt Helmut Müller das Büro. Er hat wenig geschlafen. Er hat sehr lange Platten gehört und immer wieder vor dem Spiegel Elvis Presley imitiert.

„Passt das Kostüm?"

„Ja, perfekt!"

Müller überlegt, wie lange es noch dauert bis zum Maskenball. Fast zwei Wochen! Da kann er ja noch ein paar Pfunde abnehmen und dann passt das Kostüm bestimmt!

„Bea, Sie könnten ja gleich mal die Fahrkarten besorgen und Zimmer für uns reservieren."

„Wann wollen wir denn fahren?"

„Ja, also der Maskenball ist am Samstag. Und an dem Wochenende gibt es bestimmt viel zu sehen in Köln. Wir machen einfach Betriebsurlaub und fahren am Donnerstag!"

„Super, Chef! Ich ruf sofort an!"

Eine Stunde später ist Bea Braun ziemlich enttäuscht.

„Schlechte Nachrichten, Chef! In ganz Köln kein freies Hotelzimmer! Ich habe überall angerufen, alles belegt! Wie schade …"

---

11 **Pfunde** Gewichtseinheit, ein Pfund = ca. 500 g | 18 **Betriebsurlaub** Der Betrieb/Das Büro bleibt geschlossen.

„Rufen Sie doch einfach den Alfred an! Sagen Sie ihm, dass wir gerne kommen, aber leider kein Zimmer haben. Vielleicht kennt er ja …"

„Wird sofort erledigt! Gute Idee!"

Bea Braun wählt die Telefonnummer von Alfred Hübner.

„Guten Tag! Hier ist der automatische Anrufbeantworter von Alfred Hübner. Ich bin zurzeit nicht zu Hause, aber Sie können mir eine Nachricht hinterlassen …"

„Er ist nicht da. Nur der Anrufbeantworter!"

„Geben Sie mir mal das Telefon!"

Nach dem Piepton spricht Müller eine Nachricht für Alfred Hübner auf den Anrufbeantworter:

„Hallo, Alfred! Hier ist Helmut! Danke für die Einladung! Wir möchten gerne kommen, aber in Köln gibt es kein einziges freies Hotelzimmer! Kannst du uns was besorgen? Schick mir doch ein Fax! Bea freut sich schon so …"

„Halt, Chef!", protestiert Bea.

Müller legt lächelnd auf.

Kapitel 4

Der Zug fährt langsam in den Kölner Hauptbahnhof ein.

„Da! Da ist er!"

Bea Braun winkt hinter dem Fenster des ICE.

„Ich glaube, er hat uns nicht gesehen!"

„Tja, dann dauert es zwei Minuten länger, bis Sie Ihren Kuss bekommen …"

„Pfffft!"

Langsam gleitet die Zugtür auf und Alfred Hübner streckt beide Arme aus.

„Hallo! Ich freue mich!"

Zuerst umarmt er Bea - ohne Kuss - und dann Helmut Müller.

„Das war eine prima Idee, heute schon zu kommen! Ihr könnt mir nämlich helfen …"

„Nichts da, mein Freund! Wir sind hier nur zum Vergnügen! Wir machen nämlich Betriebsurlaub!"

Lächelnd zwinkert Helmut Müller Bea Braun zu.

„Genau! Wir sind hier, um uns zu amüsieren und nicht um zu arbeiten!"

„Na gut, dann könnt ihr aber nicht bei mir wohnen …"

Lachend gehen die drei zu Alfred Hübners Auto.

Sie fahren am Dom vorbei, Richtung Norden und Alfred erklärt seinen Freunden den Weg.

Nach ca. 10 Minuten halten sie vor einem schönen Altbau.

„Hier wohne ich: Thürmchenswall 62! Wir bringen jetzt euer Gepäck nach oben und dann müssen wir sofort wieder los!"

„Wieso? Wir sind doch gerade erst angekommen …?

„Helmut, ich dachte, du willst etwas erleben? Heute ist Weiberfastnacht, da müssen wir hin!"

---

16 **Vergnügen** Spaß | 19 **sich amüsieren** Spaß haben | 24 **Dom** große Kirche. Der Dom in Köln ist 157,38 Meter hoch.

Bea Braun, Helmut Müller und Alfred Hübner spazieren am Rhein entlang Richtung Altstadt. Sie wollen zum ‚Alten Markt'. Auf den Straßen treffen sie immer mehr verkleidete Menschen. Alle sind bester Laune.

Je näher sie zu dem Platz kommen, desto dichter wird die Menschenmenge. Und bei lauter Musik, Tanz und ausgelassener Stimmung werden die drei Freunde von der Menge verschluckt.

---

6 **bester Laune sein** fröhlich sein | 7 **Desto dichter wird die Menschenmenge** Es sind viel Menschen da. | 8 **ausgelassen** fröhlich | 9 **verschluckt werden** *hier:* Helmut Müller, Bea Braun und Alfred Hübner gehen in der Menge unter. Man sieht sie nicht mehr.

Kapitel 5

Nach einem gemütlichen Frühstück fahren die drei am nächsten Morgen zum ‚Halve Hahn‘.

„Also, hier ist die Garderobe. Da könnt ihr eure Sachen aufhängen. Im Saal findet der Maskenball statt. Dort hinten ist die Bar und hier dachte ich, könnten wir das Buffet aufbauen …"

Alfred Hübner zeigt Bea Braun und Helmut Müller die Räume.

„Prima! Und wo ist die Musik?"

„Darum kümmert sich Peet. Der kommt später mit seiner Stereoanlage, Boxen und viel Musik."

„Hoffentlich hat er auch Rock'n'Roll dabei! Unser Elvis liebt …"

„Bea! Sie wollen mir auch nicht verraten, wie Ihr Kostüm aussieht! Das soll doch eine Überraschung werden!"

„O Gott! Tschuldigung, Chef!"

Aber Alfred hat gar nicht zugehört. Er packt bunte Papierschlangen, Lampions und sonstiges Dekorationsmaterial aus.

---

4 **Halve Hahn** halber Hahn: So heißt in Kölner Gaststätten ein halbes Brötchen mit einer Scheibe Käse drauf. *hier:* Name des Restaurants | 5 **Garderobe** Hier lässt man seine Jacken. | 7 **Buffet** eine Auswahl an Essen

„Bea und ich, wir dekorieren die Tanzfläche, und du, Helmut, die Bar!"

Alfred gibt Müller eine Rolle mit buntem Papier, Klebeband und Schere.

Nach einer Stunde schauen die Räume ganz anders aus: Ein Dschungel aus Luftschlangen, bunten Säulen, farbigen Lampions.

„Prima! Das gefällt mir gut! Jetzt sieht es aus wie die Bühne für einen Maskenball! Wie spät ist es?"

Bea Braun steht in der Mitte der Tanzfläche und ist begeistert.

„Erst vier Uhr! Wir haben noch Zeit! Ich schlage vor, wir gehen erst mal Kaffee trinken. Dann gehen wir nach Hause und ziehen uns um und kommen so gegen sieben Uhr zurück. Um 7 Uhr kommt das Essen fürs Büfett und bestimmt kommen dann auch die ersten Gäste!"

Alfred schaut zufrieden in den Saal.

---

1 **dekorieren** den Raum schöner machen

Kapitel 6

„Beeilung, das Taxi ist da!"

„Moment, einen Moment bitte, meine Koteletten fehlen noch …"

Endlich ist die Verkleidung komplett und Elvis tritt aus dem Badezimmer.

„Klasse!"

„Super! Helmut, äh, ich meine Elvis, du siehst spitze aus!" Alfred Hübner, als orientalischer Scheich verkleidet, und Bea Braun, im Kostüm einer Tänzerin, bewundern Müller.

---

3 **Beeilung** *hier:* schneller | 4 **Koteletten** Bart vor den Ohren

Zufrieden dreht sich der Privatdetektiv um die eigene Achse, dann schaut er Bea Braun an:

„Ist das nicht ein bisschen zu kalt für diese Jahreszeit?"

Kritisch betrachtet Müller das knappe Kostüm von Bea Braun.

„Chef! Ich tanze, dabei wird mir warm!"

„Schluss jetzt, ihr beiden! Das Taxi wartet!"

Alfred schiebt die beiden Detektive aus der Wohnung.

Das Taxi hält vor der Bar. Am Eingang steht ein Schild: „Private Veranstaltung!"

Im Saal hören sie laute Musik. Peet probiert die Musikanlage.

Sie hängen ihre Mäntel in der Garderobe auf, dann begrüßt Helmut Müller seinen alten Freund:

„Mensch, Peet, dich habe ich ja seit einer Ewigkeit nicht mehr gesehen! Wie geht es dir?"

„Danke, bestens! Das Kostüm steht dir prima. Ach, und da ist auch Bea …"

„Hallo!"

Zusammen gehen sie zum Buffet: Salate, belegte Brötchen, Frikadellen, Käse, Obst und ein riesiger Topf mit Gulaschsuppe.

Alle helfen und Müller muss immer wieder mal probieren.

„Jetzt ist aber Schluss, Helmut! Sonst ist das Buffet schon leer, bevor das Fest überhaupt angefangen hat! Finger weg!"

„Ich muss ja nur probieren, wie es schmeckt …"

Die ersten Gäste kommen.

Viele Bekannte aus alten Tagen. Es dauert immer einige Zeit, bis sie sich erkennen, alle sind verkleidet:

Piraten, Punks, Cowboys, Clowns, Cowgirls.

---

3 **Jahreszeit** Frühling, Sommer, Herbst und Winter | 4 **knapp** kurz | 14 **seit einer Ewigkeit** *hier:* sehr lange | 20 **Frikadellen** kleine Kugeln aus Fleisch | 20 **Gulaschsuppe** Fleischgericht

Der Saal füllt sich immer mehr: Müller sieht einen Torero, einige Matrosen und Kapitäne, einen Mann verkleidet als Zorro mit schwarzer Maske, einen Nikolaus, Marilyn Monroe mit blonder Perücke.

Alle Gäste haben Spaß.

5

4 **Perücke** falsche Haare

Kapitel 7

Helmut Müller steht am Buffet und unterhält sich mit alten Freunden.

Plötzlich zupft ihn jemand am Ärmel.

„Helmut, kommst du bitte mal, es gibt ein Problem …"

Er folgt Alfred zur Garderobe.

„Ein Problem? Wieso? Alle amüsieren sich gut! Oder geht das Bier aus?"

„Nein, im Ernst. Komm mal mit!"

In der Garderobe steht Karl. Er sieht ziemlich ratlos aus.

„Ich bin sicher, dass ich sie in die Manteltasche gesteckt habe …"

„Was ist los, Karl?"

„Meine Brieftasche, ich wollte nur Zigaretten holen und da war sie weg …"

„Bist du sicher?"

„Klar, Mann! Ich stecke sie immer ein, da ist ja auch mein Führerschein drin und Kreditkarten und …"

„Hallo, ihr Süßen, darf ich mal vorbei …?"

„Hallo, Ilse! Klar, geh nur …"

Ilse, verkleidet als Marilyn Monroe, geht in die Garderobe.

„So ein Mist, wo ist sie denn?"

Ilse sucht unter den Mänteln und Jacken nach ihrer Handtasche.

„Eben war sie doch noch da …"

„Was suchst du denn, Ilse?"

Alfred Hübner betrachtet nachdenklich die Suche.

„Meine Handtasche! Ich war vorhin auf der Toilette und habe sie wieder unter meinen Mantel gehängt, jetzt find ich sie nicht mehr …"

---

5 **zupfen** ziehen | 19 **Führerschein** die Erlaubnis zum Autofahren

Karl drängt sich an Müller vorbei in die Garderobe.

„Irgendwer klaut hier! Meine Brieftasche ist auch weg!"

„Um Gottes willen, das darf doch nicht wahr sein! In der Handtasche sind alle meine Schlüssel, für die Wohnung, fürs Auto … mein Auto! Macht mal Platz, ich muss nach meinem Auto sehen …"

Alfred, Karl, Ilse und Müller drängen aus der Garderobe zur Tür.

„Gott sei Dank! Da drüben steht es!"

Ilse deutet auf einen blauen Porsche auf der gegenüber liegenden Straßenseite.

10 **Porsche** schnelles und teures Auto

„Du hast doch nur Freunde und Bekannte eingeladen, oder?"

Müller geht in die Gaststätte zurück, die kalte Nachtluft und die Vorstellung, dass ein Dieb unter den Gästen ist, lassen ihn frieren.

„Klar, ich kenne alle!"

Alfred Hübner ist verzweifelt.

„Wir müssen das Auto beobachten! Wenn jemand meine Autoschlüssel geklaut hat, dann klaut er auch das Auto!"

Ilse ist jetzt ziemlich aufgeregt.

„Mach doch was, Helmut! Du bist doch Detektiv!"

„Moment mal, Ilse. Überlege doch bitte zuerst, wo du die Tasche hingehängt hast. Zuerst müssen wir alle Möglichkeiten prüfen, bevor wir von Diebstahl reden …"

„Also, ich war auf der Toilette, aber das habe ich ja schon gesagt. Und dann habe ich die Tasche unter meinen Mantel gehängt. Und dann habe ich mit dem Zorro kurz geredet und dann bin ich wieder in den Saal gegangen …"

„Wer ist Zorro?"

„Also, mit dieser blöden Maske, … ich weiß nicht."

Alfred schaut auf seine Freunde.

„Kennt ihr ihn nicht?"

„Nein, niemand, den ich kenne … Aber wie du schon gesagt hast, mit dieser Maske erkennt man ihn nicht!"

„Wo ist er jetzt?"

Helmut Müller, Alfred, Karl und Ilse stehen an der Garderobentür und schauen in den Saal.

Die Party ist in vollem Gang. Die kostümierten Gäste tanzen, stehen in kleinen Gruppen, reden, lachen, essen, trinken.

„Da! Da hinten!"

---

3 **Vorstellung** Idee, Gedanke | 4 **frieren** Gegenteil von schwitzen. Müller ist kalt. | 7 **beobachten** länger anschauen | 8 **geklaut** gestohlen. Man nimmt etwas ohne Erlaubnis.

„Wo denn?"

„Da hinten, an der Bar!"

Müller stellt sich auf die Zehenspitzen, um besser sehen zu können. Tatsächlich. Zorro steht an der Bar und neben ihm Bea Braun! Beide amüsieren sich. Zorro flüstert immer wieder in Bea Brauns Ohr und Müller sieht, wie seine Sekretärin laut lacht.

„Bitte, Helmut, äh, kannst du das diskret machen, ich meine, das Fest, äh, die Leute …"

---

26 **flüstern** sehr leise sprechen | 29 **diskret** unauffällig

„Verstehe, Alfred. Ich schlage vor, du bleibst hier an der Garderobe und ich knöpfe mir Zorro vor. Ihr beiden könnt euch ja amüsieren …"

„Sehr witzig! Aber auf den Schreck brauche ich was zu trinken. Kommst du mit, Karl?"

Müller drängt sich durch den Saal. Die Gäste tanzen, ziehen ihn mit sich, tanzen mit ihm.

„Hallo, Elvis! Gibst du mir ein Autogramm?"

„Wann ist dein Auftritt?"

„Komm, Elvis, tanz mit mir!"

Müller befreit sich aus dem Gedränge und erreicht die Bar. Bea Braun und Zorro sind weg.

„Peet, hast du meine Sekretärin gesehen?"

„Du meinst, die Tänzerin? Tja, klar, die habe ich gesehen. Aber die ist schon besetzt! Zorro, der Rächer …"

„Quatsch nicht! Wo sind sie …?"

„Da musst du schon besser aufpassen, Meisterdetektiv! Nein, ich weiß es nicht. Eben waren sie noch da, vielleicht sind sie tanzen …"

Müller stellt sich wieder auf die Zehenspitzen und schaut in den Saal.

Die Musik ist laut und auf der Tanzfläche herrscht ein Durcheinander von Kostümen.

Da! Auf der anderen Seite der Tanzfläche sieht er Bea Braun. Sie tanzt mit Zorro.

„Bea! Bea!"

Müller ruft und winkt mit beiden Armen. Aber die Musik ist viel zu laut und nur ein paar Gäste in seiner Nähe blicken erstaunt auf den Privatdetektiv.

---

2 **sich jemanden vorknöpfen** mit jemandem reden | 11 **Gedränge** Menschenmenge | 17 **Quatsch nicht!** *hier:* Rede nicht!

Wieder drängt sich Müller in die Menge und versucht die andere Seite des Saals zu erreichen.

Beide sind weg.

„Helmut! Helmut!"

Die Rufe kommen vom Ausgang.

Müller zwängt sich in Richtung Garderobe. Auch hier stehen viele Gäste, das Buffet ist belagert.

Endlich steht er im Gang zu den Toiletten. Alfred läuft ihm entgegen. Sein Kostüm ist kaputt und er hat ein blaues Auge.

„Er ist weg! Der Mistkerl ist weg! Mit dem Porsche von Ilse und mit deiner Freundin!"

„Sekretärin! Bea ist meine Sekretärin …"

„Ist doch egal! Sie ist mit ihm abgehauen! Und ich konnte ihn nicht aufhalten …!"

---

11 **Mistkerl** Schimpfwort/böser Mensch | 14 **abgehauen** *hier:* weggegangen

Kapitel 8

„Gib mir mal eine Zigarette …"

Eigentlich hat Helmut Müller schon lange mit dem Rauchen
aufgehört, aber jetzt vergisst er seine Vorsätze.

„So ein Mist! Bea! Immer diese Männergeschichten … aber
mit einem Dieb, das kann ich nicht glauben!"

„Immer mit der Ruhe, Helmut! Vielleicht hat sie der Typ ja
entführt?"

Alfred und Helmut Müller sitzen in einer Ecke der Gaststätte
und rauchen.

„Du hast ja Recht, Alfred. Immer mit der Ruhe. Was ist denn
nun eigentlich alles geklaut worden?"

„Die Handtasche von Ilse und ihr Wagen und … Mensch,
ihre Wohnungsschlüssel! Wir müssen sofort die Polizei anrufen,
sonst geht der Typ noch in die Wohnung von Ilse …!"

„So blöd wird er ja wohl nicht sein. Aber wir sollten wirklich
die Polizei anrufen. Das schöne Fest … und alles wegen so
einem Trottel! O.k., Alfred: Ich suche Ilse. Dann rufen wir die
Polizei an, geben das Autokennzeichen durch und die Adresse
von Ilses Wohnung. Und Karl brauchen wir auch, wegen der
Kreditkarten …"

Müllers Handy klingelt. Bea Braun ruft an.

„Hallo, Chef! Melde, der Dieb ist gefangen!"

„Bea! Wo sind Sie? Was ist los? Welcher Dieb …?"

„Zorro! Zorro, der Dieb! Ich sitze hier in seinem Wohnzimmer und der Dieb ist im Badezimmer eingesperrt! Die
Polizei habe ich auch schon angerufen …"

„Äh, und Sie, äh, ich meine …?"

---

19 **Trottel** Schimpfwort, dummer Mensch | 20 **Autokennzeichen** Schild mit Nummer von
Auto

„Ich warte auf Sie! Sie könnten mich doch abholen. Ich wollte schon immer mal mit Elvis tanzen! Ich schlage vor, Sie nehmen ein Taxi. Die Adresse ist Filzengraben 20 und dann bringen wir den Porsche zurück und amüsieren uns …!"

Müller nimmt ein Taxi und fährt zu der Adresse. Vor dem Haus stehen zwei Polizeiautos.

Zorro, diesmal ohne Maske, wird in Handschellen abgeführt. Müller kennt ihn nicht.

Nach einem kurzen Gespräch mit den Beamten fährt er zusammen mit Bea Braun im Porsche von Ilse wieder zurück zur Geburtstagsparty.

Helmut Müller: „Ja, äh, also Bea, ich muss gestehen, ich bin wirklich neugierig. Ich dachte schon …"

Bea Braun: „Was haben Sie gedacht? Dass ich mit einem Dieb gemeinsame Sache mache …? Also Chef!"

Helmut Müller: „Nein, natürlich nicht! Ich meine nur, ich bin neugierig, wie Sie den Fall, äh, ich meine den Dieb, also …"

Bea Braun: „Wie ich draufgekommen bin?"

Helmut Müller: „Genau! Sie wussten doch gar nichts von den Diebstählen?"

Bea Braun: „Chef, können Sie mir sagen, wie spät es ist?"

---

10 **Beamte** *hier:* Polizisten | 22 **ich bin wirklich neugierig** *hier:* Müller will es wissen!

Helmut Müller: „Was hat das jetzt damit zu tun? Warum wollen Sie die Uhrzeit wissen?"

Bea Braun: „Schauen Sie doch mal auf Ihre Uhr, Chef!"

Helmut Müller: „Äh, wenn's denn sein muss. Moment!"

Müller versucht den Ärmel seines Anzugs zurückzuziehen.

Keine Uhr!

Bea Braun: „Na, wo ist denn die Uhr?"

Müller überlegt und dann fällt ihm ein, dass er sie in seine Manteltasche gesteckt hat und der Mantel hängt in der Garderobe …

„Also, ich sitze an der Bar und unterhalte mich mit Peet. Da kommt so ein Typ, ich meine Zorro. Er unterhält sich mit mir. Aber irgendetwas stimmt mit diesem Typen nicht. Dauernd schaut er in den Saal, er wirkt nervös.

Und plötzlich schaut er auf die Uhr. Auf Ihre Uhr! Und wenn ich eine Uhr wieder erkenne, dann Ihre Uhr! Sie lassen sie doch

---

26 **sich mit jemandem unterhalten** mit jemandem reden

andauernd auf dem Schreibtisch liegen: ‚Bea, haben Sie meine Uhr gesehen?'"

Bea Braun kichert und erzählt weiter:

„Ja, und dann hat er mich zum Tanzen aufgefordert und beim Tanzen hat er mich zu einer Stadtrundfahrt eingeladen. Und da dachte ich …"

„Mensch, Bea! Mit einem wildfremden Ganoven wollten Sie …"

„Na ja, ein bisschen hatte ich schon Angst. Vor allem als der Typ Alfred ein blaues Auge geschlagen hat.

Alfred wollte ihn aufhalten und da wusste ich, dass irgendetwas nicht stimmt! Und vor allem als er mich zu dem Porsche gezogen hat: Er hat zu lange nach dem richtigen Schlüssel gesucht und der Sitz war falsch eingestellt, seine Beine waren viel zu lang. Und den Rest kennen Sie ja. Die Stadtrundfahrt war ziemlich kurz. Er ist direkt zu seiner Wohnung gefahren.

---

3 **kichern** leise lachen | 4 **auffordern** *hier:* einladen | 7 **Ganoven** Verbrecher, böse Menschen

‚Trinken wir bei mir noch was …?' Und bei der ersten Gelegenheit habe ich nach dem Badezimmer gefragt und hab den Schlüssel abgezogen. Und den Drink habe ich dann über mein Kostüm geschüttet und er ist gleich ins Badezimmer gelaufen, um ein Handtuch zu holen, und … bingo!"

Erstaunt hört Müller die Geschichte.

„Ja, äh, Kollegin, also, wir beide könnten Partner werden …"

Kapitel 9

Bea Braun, Helmut Müller und Alfred Hübner stehen am Straßenrand in einer Menschenmenge. Alle sind kostümiert und guter Stimmung. Sie betrachten den Rosenmontagszug.

Musik- und Tanzgruppen in prächtigen Kostümen ziehen an ihnen vorbei. Auf großen, geschmückten Wagen winken Prinzessinnen und Prinzen der Karnevalsgesellschaften den Menschen am Straßenrand zu. Sie werfen Bonbons und Schokolade in die Menge.

„Alaaf! Alaaf!"

Helmut Müller schaut auf seine Uhr.

„Ich will ja kein Spielverderber sein, aber in zwei Stunden fährt unser Zug …"

5 **Rosenmontagszug** Straßenkarneval, geschmückte Wagen | 8 **Karnevalsgesellschaften** organisieren den Kölner Karneval | 9 **Bonbons** Süßigkeiten | 13 **Spielverderber** jemand, der den Spaß beendet

„Schade! Ich könnte bis zum Kehraus weiterfeiern …!"

„Also ihr beiden, kommt gut nach Hause. Es hat mich riesig gefreut, dass ihr gekommen seid!"

„Jetzt bist du dran! Besuch uns doch bald mal in Berlin!"

Alfred Hübner verabschiedet sich und diesmal bekommt Bea Braun auch einen Kuss.

Kurze Zeit später sitzen Bea Braun und Helmut Müller im Speisewagen.

„Der Typ, äh, Zorro, also der Dieb, den Sie gefangen haben, wurde schon lange von der Polizei gesucht. Er hat sich immer auf Maskenbällen eingeschlichen und geklaut. Die Polizei hat in seiner Wohnung eine Menge Sachen gefunden. Ich soll Ihnen im Namen der Kölner Polizei ausdrücklich danken …"

„Muss i denn, muss i denn zum Städtele hinaus …"

„Bea! Hören Sie mir überhaupt zu? Was singen Sie da …?"

„Kennen Sie das nicht, Elvis? Das ist ein altes Lied. Ihr berühmter Kollege, also der junge Elvis Presley, hat das gesungen. Er hat in den fünfziger Jahren seinen Militärdienst in der Nähe von Heidelberg geleistet. Und damals hat er das Lied aufgenommen. Ein bisschen hätten Sie sich schon informieren können, Elvis …"

„Elvis! Elvis! Schluss jetzt mit Elvis. Das war ein Kostüm, lustig, aber eben nur ein Karnevalskostüm."

---

1 **Kehraus** Karnevalsdienstag, letzter Tag des Karnevals. Am Aschermittwoch ist alles vorbei, wie es in einem alten kölschen Karnevalslied heißt. | 9 **Speisewagen** Bordbistro im Zug | 19 **Militärdienst leisten** als Soldat arbeiten | 20 **Heidelberg** Stadt in Baden-Württemberg

„So? Dann schauen Sie doch mal in den Spiegel, Elvis!"
Müller beugt sich über den Tisch und blickt in den Spiegel.

Ende

Übungen und Tests zu den Kapiteln

Charaktere beschreiben
Verdächtige finden
Ein Protokoll verfassen
Einen Bericht schreiben
Vokabelliste erarbeiten

1. Was steht im Text? Kreuzen Sie an.

                                                     Richtig

Falsch

a) Bea hat noch nie Karneval in Köln gefeiert.   ☐   ☐
b) „Alaaf" ist ein niederländisches Wort.   ☐   ☐
c) Müller liebt Maskenbälle.   ☐   ☐
d) Als Kind mochte er Karneval nicht.   ☐   ☐
e) Er will kein Obelix-Kostüm.   ☐   ☐
f) Er ist sehr schlank.   ☐   ☐
g) Elvis Presley war ziemlich dick.   ☐   ☐

2. Schauen Sie sich die Bilder an: Als wer/wie will Müller zum

Kölner Karneval gehen?

3. Bea Braun bereitet die Reise nach Köln vor. Woran muss sie denken?

1. - 4. Ordnen Sie die Überschriften den Abschnitten 1. - 4.

zu und schreiben Sie eine kurze Zusammenfassung zu jedem Abschnitt.

5. - 6. Fahren Sie auch zum Kölner Karneval! Wie verkleiden Sie sich? Beschreiben Sie Ihr Kostüm oder malen Sie ein Bild. Sie können diese Redemittel benutzen:

	verkleide mich als …
	gehe als …
	möchte … werden/sein.
	ziehe … an.
Ich	klebe mir … an.
	binde … um.
	setze … auf.
	schminke mich … (mit …).
	färbe mir die Haare …

tanzen   sich amüsieren   flüstern

verschwinden   sich unterhalten   anrufen

abhauen   weggehen   klauen   wiedererkennen

nervös   ruhig   klug   schnell

umsichtig   fröhlich   neugierig

verzweifelt   ängstlich   erstaunt

7. Helfen Sie Helmut Müller. Was geschieht?

	a) hat sich als Elvis verkleidet.
	b) hat einen Maskenball veranstaltet.
Zorro	c) hat ihre Handtasche gesucht.
	d) hat Zorro im Bad eingesperrt.
Alfred	e) hat eine Einladung nach Berlin geschickt.
	f) hat Müllers Uhr an Zorros Arm entdeckt.
die Polizei	g) hat sich auf dem Ball eingeschlichen.
	h) hat seine Brieftasche gesucht.
Müller	i) hat Karl, Ilse und Müller beklaut.
Ilse	j) hat mit Zorro getanzt.
	k) hat Alfred geschlagen.
Karl	l) ist mit Bea nach Köln gefahren.
	m) hat eine Maske getragen.
Bea	n) ist mit Zorro nach Hause gefahren.
	o) hat Zorro in Handschellen abgeführt.

Lösungen zu den Übungen

1. Was steht im Text? r = richtig / f = falsch.
a) r ; b) f ; c) f ; d) f; e) r; f) f; g) f

2. Schauen Sie sich die Bilder an: Als was verkleidet sich Helmut Müller zum Kölner Karneval?
Helmut Müller verkleidet sich als Indianer.
Helmut Müller verkleidet sich als Elvis.
Helmut Müller verkleidet sich als Cowboy.

3. Bea Braun bereitet die Reise nach Köln vor. Was muss sie machen?
Aufgaben: Zimmer suchen und reservieren; Fahrkarten kaufen; Alfred Hübner anrufen

1. - 4. Ordnen Sie die Überschriften den Abschnitten 1. - 4. zu.
Eine Einladung wirft Probleme auf - Kapitel 1
Das passende Kostüm - Kapitel 2
Bea Braun und Helmut Müller planen eine Reise - Kapitel 3
„Köln Hauptbahnhof, Köln Hauptbahnhof" - Kapitel 4

5. - 6. Fahren Sie auch zum Kölner Karneval! Wie verkleiden Sie sich? Beschreiben Sie Ihr Kostüm. Hier ein Beispiel:
   Ich verkleide mich als Indianer. Ich ziehe eine braune Hose und ein braunes T-Shirt an. Ich binde mir ein Band um den Kopf. Ich male mir drei bunte Streifen ins Gesicht.

7. Helfen Sie Helmut Müller. Was geschieht?

WER?	WANN?	WO?	WAS?
Karl	nach dem Zigaretten holen	in der Garderobe	Brieftasche ist weg
Ilse	nach der Toilette	in der Garderobe	Handtasche weg
Alfred Hübner	nach dem Tanz von Bea Braun uns Zorro	in der Garderobe	Kleidung ist kaputt und er hat ein blaues Auge
Helmut Müller		am Büfett, später in der Garderobe	Kleidung ist kaputt und er hat ein blaues Auge
Zorro		an der Bar, später auf der Tanzfläche	flüstert Bea etwas ins Ohr, später tanzt er mit Bea Braun
Bea		an der Bar, später auf der Tanzfläche	lacht laut, tanzt später mit Zorro

Wen verdächtigen Sie? Warum? Hier ein Beispiel für einen kurzen Bericht für Helmut Müller.

Ich verdächtige Zorro. Niemand kennt ihn und er haut mit Bea Braun ab. Karl und Ilse vermissen Sachen. Alfred Hübner ist der Gastgeber.

7. - 8. Beschreiben Sie, wie sich Helmut Müller, Bea Braun und Alfred Hübner und Zorro in Kapitel 7 und 8 verhalten. Hier ein Beispiel:

Bea Braun amüsiert sich. Sie tanzt mit Zorro. Zorro flüstert ihr etwas ins Ohr. Bea Braun erkennt die Uhr an Zorros Handgelenk wieder. Sie haut mit Zorro ab. Die Uhr gehört Helmut Müller. Sie ruft Helmut Müller an.

Alfred Hübner ist verzweifelt. Jemand klaut auf seiner Party. Er ist nervös.

Helmut Müller unterhält sich mit Freunden. Er soll herausfinden, warum die Sachen verschwinden. Er bleibt ruhig. Später ist er neugierig. Bea Braun soll ihm alles erklären.

1. - 9. Wie war der Ablauf der Geschichte? Wer hat was gemacht?

Zorro: g) ; i) ; k) ; m)

Alfred Hübner: b) ; e)

die Polizei: o)

Helmut Müller: a) ; l)

Ilse: c)

Karl: h)

Bea Braun: d) ; f) ; j) ; n)